NOTES

CONCERNANT LES DOMAINES AGENAIS

DES ALAMAN

ET DE LEURS SUCCESSEURS IMMÉDIATS

Dressées d'après des documents inédits

(XIIIe *et* XIVe *siècles*)

PAR

MM. E. CABIÉ & L. MAZENS

AGEN

IMPRIMERIE ET LITHOGRAPHIE DE V. LAMY

1882

NOTES

SUR LES DOMAINES AGENAIS DES ALAMAN

NOTES

CONCERNANT LES DOMAINES AGENAIS

DES ALAMAN

ET DE LEURS SUCCESSEURS IMMÉDIATS

Dressées d'après des documents inédits

(XIIIᵉ *et* XIVᵉ *siècles*)

PAR

MM. E. CABIÉ & L. MAZENS

AGEN

IMPRIMERIE ET LITHOGRAPHIE DE Vᵒ LAMY

1882

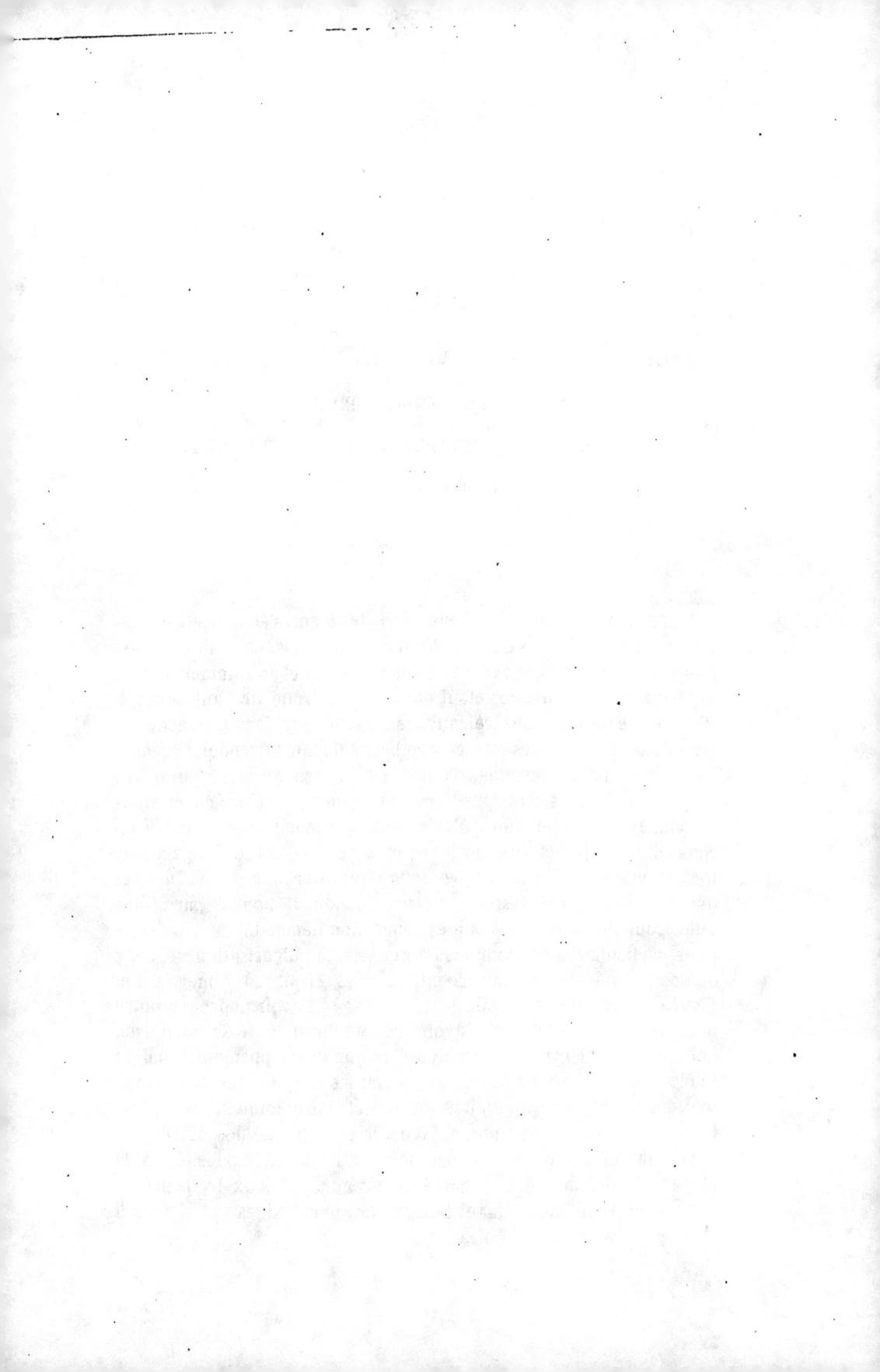

NOTES

CONCERNANT LE DOMAINE AGENAIS DES ALAMAN

ET DE LEURS SUCCESSEURS IMMÉDIATS,

DRESSÉES D'APRÈS DES DOCUMENTS INÉDITS

(xIII^e et xIV^e siècles).

La famille célèbre des Alaman, dont les biens s'étendirent princi-
palement dans l'Albigeois et le Toulousain, eut encore des possessions dans l'Agenais, et, avant la fin du xIII^e siècle et au commencement
du suivant, ces domaines étant passés à Bertrand de Lautrec et à
Philippe de Lévis, nous retrouvons dans les archives provenant de
ces différents seigneurs d'assez nombreux documents pour plusieurs
localités de Lot-et-Garonne. Toutes ces pièces auraient pu n'être
éditées ou utilisées que dans le recueil comprenant les chartes des
personnages qui viennent d'être nommés, recueil dont nous prépa-
rons actuellement la mise au jour ; mais comme cet ouvrage a surtout en vue d'éclairer l'histoire de la Haute-Garonne et du Tarn, et
que c'est là qu'il est destiné à être répandu, il nous a paru plus
utile, pour le progrès des études locales, de demander aux publica-
tions particulièrement connues en Agenais, la vulgarisation de ceux
de nos documents qui concernent ce pays. Tout en remerciant la
Société d'Agriculture, Sciences et Arts d'Agen d'avoir approuvé notre
manière de voir, et de nous avoir accordé l'hospitalité de sa *Revue*,
nous allons donc rapporter ici, avec quelque développement, l'analyse
fidèle des coutumes de Lafox, qui, parmi les actes en question, méri-
tent en effet une attention spéciale, et faire connaître en même
temps, mais d'une façon plus abrégée, le contenu de nos autres pièces. Cela suffira, pensons-nous, pour satisfaire la curiosité de la
plupart des lecteurs qui ne s'intéressent guère qu'aux traits princi-
paux de notre histoire. Quant à ceux qui, plus exigeants, aiment à

parcourir et à vérifier eux-mêmes les sources originales, ils pourront recourir dans peu de temps, soit pour le plus grand nombre de nos actes à l'édition du Cartulaire des Alaman et de leurs successeurs, soit, pour la coutume de Lafox, au prochain volume de Mémoires et de textes que doit publier la Société.[1]

Les localités de l'Agenais où les Alaman eurent des possessions sont : Marmande, Thouars, Port-Sainte-Marie, Lafox, Puymirol, Laugnac et Casseneuil. Mais il faut ajouter que pour la plupart d'entre elles nos renseignements sont fort clairsemés, et c'est ainsi que nous n'avons pour Marmande qu'une seule mention. Le document qui nous la fournit est toutefois le plus ancien qui se présente, et nous devons l'analyser en premier lieu, afin de suivre l'ordre chronologique adopté pour la rédaction de cette notice.

Le 10 décembre 1237, Gaillard de Tantalon vendit à Sicard Alaman tous les droits que le comte de Toulouse lui avait donnés sur une maison ayant appartenu à dame R. de Toulouse ; cette vente fut faite pour 50 livres d'Arnaudins, somme qu'Arnaud Privat, *bailes del port de Marmanda per lo senhor comte de Tholosa*, fit payer à Tantalon sur l'ordre de Sicard L'acte, qui est en roman, fut écrit par *en Ramon Escrivas, communis notarius de Marmanda*.

C'est deux ans après qu'apparaît pour la première fois le nom de Lafox, localité sur laquelle nous avons les indications les plus abondantes. A cette date (1239), le village ou lieu de Lafox, avec tous ses droits de juridiction, ses redevances féodales et son domaine foncier appartenait à G. de Thézac et à R. de Planels, qui de bon gré l'abandonnèrent à Raymond, comte de Toulouse. L'acte de cette cession est daté de Saint-Porquier (près de Castelsarrasin) et a pour témoins Sic. Alaman, Me Bertrand, etc.

Ce ne put être évidemment qu'après être ainsi devenu propriétaire de Lafox que Raymond VII donna le même village à Sicard Alaman ; en sorte que, si l'acte de cette donation a perdu sa date, l'on peut

---

[1] Les chartes que nous allons analyser sont toutes des copies des originaux, faites pendant la première moitié du XIVe siècle. Elles sont conservées aujourd'hui dans l'étude de M. L. Mazens, notaire à Las Graïsses (Tarn), où elles sont passées, avec les archives des anciens seigneurs de Graulhet, héritiers en partie des domaines des Alaman.

dire néanmoins qu'il est postérieur ou qu'il remonte tout au plus à 1239 ; il est clair d'autre part qu'il ne peut être retardé au-delà de 1249, puisque le comte de Toulouse mourut en cette année. Par sa donation, Raymond accorda à Sicard tous les droits de justice, avec les oblies, fours, moulins, péages, quêtes, terres et autres biens féodaux du lieu. Il se réserva seulement que ce seigneur serait son vassal pour ce domaine et lui devrait le service militaire.

En février 1247 (1248), dame Comtesse, veuve d'Arn. de Bouville fit don à Sicard Alaman de tous ses biens et de tous les droits qui pou vaient lui revenir, à raison de sa dot, sur les possessions de son mari. L'acte est daté de Puymirol (*Grande Castrum*), et est écrit par le notaire de Toulouse Bern. Aimeric. Les circonstances dans lesquelles se produisit la cession ci-dessus, nous seraient inconnues sans un document postérieur, daté de 1279 ; mais dans cette pièce on voit que les gens du roi accusaient Sicard d'avoir usurpé plusieurs domaines des deux derniers comtes de Toulouse, et notamment le village ou fort ainsi que le péage de Lafox, qui, disaient-ils, avaient été confisqués par Raimond VII sur Arn. de Bouville, coupable d'homicide sur la personne d'un juif. Il ne nous paraît pas certain néanmoins que ces accusations, dirigées contre Sicard, fussent fondées, surtout en présence des actes analysés plus haut ; et s'il y eut confiscation de certains droits qu'Arn. de Bouville pouvait posséder à Lafox, à côté de ceux d'Alaman, la cession de sa veuve Comtesse pourrait tout aussi bien indiquer que cette confiscation eut lieu réellement au profit de Sicard et non de Raimond VII.

Quoiqu'il en soit, cette usurpation n'était pas la seule qui lui fût imputée en 1279. On l'accusait aussi de s'être emparé de l'hérédité d'Elie d'Agrefeuil, habitant d'Agen, condamné comme hérétique, et dont les biens avaient dû, par suite, être attribués au comte. Cependant nous trouvons des lettres de janvier 1257 (1258) par lesquelles Alphonse de Poitiers et sa femme Jeanne confirment Sicard dans la possession des biens d'Elie d'Agrefeuil, qui lui avaient été donnés par le comte Raimond de Toulouse.

Sicard accorda un assez grand nombre de chartes de priviléges aux habitants des seigneuries qu'il posséda. Aux coutumes de ce genre qui sont déjà éditées pour Puybegon et Castelnau, en Albigeois, pour Saint-Sulpice, Montastruc, Bouloc et Corbarieu, en Toulousain, il faut ajouter celle de Lafox, encore inédite et qui n'est pas la moins digne d'être connue, autant à raison de ses dispositions qu'à raison de sa date et encore de son texte en langue romane. Son texte, qui nous est fourni par une copie très ancienne et bien conservée, est précieux en effet pour les études philologiques ; sa date, qui est de 1254, précède, paraît-il celle de toutes les autres coutumes de la région, à l'exception de celles d'Agen ; et quant à ses dispositions on verra assez qu'elles offrent plusieurs traits remarquables, soit en suivant l'analyse que nous allons en donner, soit en parcourant les observations dont nous la ferons suivre.

Bien qu'il ne soit pas précisément arbitraire, l'ordre adopté par le rédacteur de la charte n'enchaîne pas toujours les articles les uns aux autres d'une manière logique, et ne fournit pas des points de repère suffisants pour retrouver avec facilité une disposition quelconque. Aussi, afin de remédier un peu à ces défauts, mais sans toutefois chercher à suivre une classification irréprochable, grouperons-nous les renseignements fournis par ce texte, sous plusieurs rubriques disposées comme il suit : — *Liberté civile. Mode de possession et de transmission de biens.— Des tenures à cens, droits de mutations. — Quête, albergue et service militaire. — Leudes ; droits de paturage et de pêche. Moulins.— Droits de justice et procédures au civil et au criminel ; tarif des amendes. — Du bailli et de ses attributions. — Des consuls.*

Liberté civile, mode de possession et de transmission des biens. — Notre charte reconnaît entièrement la liberté des personnes, c'est-à-dire le droit pour tous les habitants d'aller et de venir, et de changer de résidence à volonté ; et non seulement celui d'entr'eux qui va se fixer ailleurs a la faculté de prendre avec lui tous ses biens meubles, mais, pourvu qu'il avertisse le bailli seigneurial huit jours à l'avance, le seigneur doit le protéger sur la terre du comte de Toulouse pendant une journée de marche (article 49). Toutefois, avant de partir, cet habitant est tenu de payer tout ce qu'il peut devoir aux hommes de Lafox ; et si quelques-uns de ces derniers restaient dès lors obligés envers lui, il ne pourrait plus rien leur demander dans la suite qu'en portant sa plainte à Lafox devant le seigneur ou le bailli (art. 50). Lorsque cet émigrant possède quelque maison ou autre héritage dans la localité, il peut les conserver à la condition de tenir à Lafox un homme résidant (*estangant, estadjans, estatguas*) qui remplisse à sa place ses obligations envers le seigneur ou envers le village, et de plus à la condition de venir lui-même passer un mois ou deux dans la localité si le seigneur ou le *conseil* (c. à d. les consuls) le lui demandaient ; sinon , il est tenu dans les six mois de vendre lesdits immeubles à un habitant, et, en cas de mauvaise volonté, le conseil et le bailli fixent le prix de ces biens et les délivrent à ce prix, soit au seigneur, soit à quelque autre personne établie à Lafox (art. 51).

Tout homme ou femme, arrivé à l'âge voulu, peut disposer de ses biens par testament, et cet acte doit être fidèlement observé à moins qu'il ne soit contraire aux règles du droit (art. 52). Quant à ceux qui meurent sans tester, leurs biens passent à leurs fils et à leurs filles, et, à défaut, à leurs parents jusqu'au 4e degré (art. 53). En cas d'absence du successeur légitime, le seigneur et les hommes du lieu gardent l'héritage pendant un an et un jour, et si, dans cet espace de temps, l'héritier ne s'est pas présenté, les biens du défunt, distraction faite des dettes, sont divisés en deux parts, dont une revient au seigneur, et l'autre est donnée en aumône (art. 54). — Les droits de la famille sur les biens de ses divers membres se trouvaient encore sauvegardés par une sorte d'effet du retrait lignager, car il est dit que si un habitant veut concéder ou vendre son fief à cens à quelqu'un de ses propres parents ou de ceux de ses enfants, le seigneur ne peut s'y opposer en usant du droit de prélation (art. 34).

Ainsi que le montreront des articles rapportés plus loin, les habitants de la seigneurie possèdent surtout des maisons ou des fonds de terre, soumis seulement aux servitudes habituelles aux fiefs à cens, et constituant de véritables propriétés. — Enfin, le seigneur n'a aucun droit sur la fortune mobilière de ses sujets de Lafox.

Rattachons à ce paragraphe une disposition relative aux essaims d'abeilles, lesquels appartiennent au propriétaire lorsqu'il les rencontre sur son fief, mais qui, s'ils sont découverts sur la terre de Sicard, doivent être partagés entre ce dernier et celui qui a fait la trouvaille (art. 42).

Tenures à cens ; droits de mutation. — Bien que le village fût fondé depuis longtemps et qu'il eût déjà sa population, le seigneur cherchait, ici comme partout, à attirer de nouveaux sujets en leur accordant l'exemption de certaines charges la première année de leur installation ; dans le même but, il leur faisait aussi des concessions de terres à cultiver, moyennant de légères redevances, et ces concessions pouvaient être également employées pour retenir ou favoriser les habitants déjà établis dans ce lieu. Les coutumes nous montrent, du moins, que Sicard promit aux uns comme aux autres de donner des locaux de maison, situés dans le village, et ayant 8 brassées de long et 4 de large, moyennant 8 den. arnaud. d'oblies et 8 d. d'acapte ; une *pogesée* de jardin (*una pogesada de cazal*), à la mesure d'Agen, moyennant 3 d. d'oblie et autant d'acapte ; et chaque dincrée de toutes les autres terres moyennant 6 d. d'oblie et 6 d. d'acapte (art. 55). Mais il fut bien entendu qu'il retenait à sa main toutes les terres qui ne seraient pas données ou inféodées par lui ou par son bailli (art. 56). S'il arrivait qu'à la suite des concessions ci-dessus, le seigneur constatât que quelque habitant tînt plus de terre qu'il n'était porté par l'acte d'inféodation, ce tenancier ne devait pas être puni pour ce fait, à la condition que le conseil reconnût qu'il avait été de bonne foi ; seulement ses oblies et acaptes devaient être alors augmentées en proportion et l'excédant de terrain lui était accordé au moyen d'un nouvel acte, soit par le seigneur, soit par le bailli (art. 57). Cet officier, en effet, peut, dans ce cas, comme dans bien d'autres, agir avec plein pouvoir, et toutes les inféodations qu'il fait sont valables, à moins qu'il n'ait usé en cela de quelque tromperie pouvant préjudicier au seigneur (art. 61).

Les habitants avaient la faculté de vendre et d'engager entr'eux tous les fiefs qu'ils tenaient de Sicard ; mais ils ne pouvaient le faire en faveur des chevaliers, des ecclésiastiques ou des monastères, et en outre, ils devaient payer les redevances suivantes : 1 den. pour chaque sou du prix de la vente ; une maille par sou du montant de l'engagement, et pour l'acapte la même somme que pour l'oblie ; il ne leur était pas permis, d'ailleurs, de donner leur possession rotu-rière à *surcens* (art. 32.)

Le seigneur ou son bailli pouvait user du droit de prélation et retenir avant tout autre, au même prix, le fief roturier mis en vente, mais il devait faire cet achat de bonne foi et sans déguise-ment, et retenir l'immeuble en sa main pendant 1 an et 1 mois, à moins qu'il ne le concédât à quelque particulier qui viendrait s'éta-blir dans le village (art. 33). Lorsque le seigneur voulait user dudit droit de préférence, il devait en avertir le vendeur dans 8 jours et lui donner le prix que celui-ci avait déclaré lui être offert par un autre acheteur. Dans le cas contraire, le seigneur ou son bailli de-vaient approuver la vente en faveur de ce dernier (art. 35).

Quête, albergue et service militaire. — A l'étranger qui vient ré-sider à Lafox, la coutume accorde l'exemption de l'*ost* pendant les premiers 13 mois de son établissement (art. 43). Les habitants sont d'ailleurs affranchis de tout droit de quête et d'albergue, mais ils restent soumis au service militaire *(la ost)* que le seigneur du pays exigeait parfois d'une manière générale dans l'Agenais ; cependant, il peut arriver que le seigneur de Lafox fasse exempter ses sujets de ce service, et dans ce cas, ces derniers doivent lui faire un don en rapport avec les frais qu'il leur a épargnés (art. 29). Lorsque le seigneur du lieu a lui-même quelque guerre, tous les habitants doivent le suivre pendant une journée, mais il ne peut les entraîner en dehors de l'Agenais, s'il ne les ramène le même jour dans les limites du diocèse (art. 30).

Leudes ; pâturages ; pêche ; moulins. — D'après la coutume que nous analysons, tous les habitants de Lafox et de ses dépendances étaient francs de leude et de péage, pour toutes leurs choses qu'ils vendaient ou achetaient dans la localité, et même pour celles qu'ils portaient au dehors, à leurs frais, ou faisaient venir de même par la Garonne (art. 31).

Ils avaient le privilége de prendre dans les bois seigneuriaux ce qu'il leur fallait pour leur chauffage ou leur service, sans payer aucun droit de forestage (art. 36), et ils pouvaient également se servir des pâturages et des eaux du seigneur, et se livrer même à la pêche, sauf dans les réservoirs des moulins ; celui qui pêchait avec filets dans le réservoir qui montait jusqu'au gué *du Colombier* était puni de 5 sous de justice, et de 20 s. si le délit avait eu lieu la nuit (art. 37).

La charte porte ensuite que tout habitant, sauf celui qui aura un moulin à lui dans l'étendue du territoire du village, sera obligé d'aller moudre son blé au moulin du seigneur, qui prendra la 13ᵉ partie pour droit de mouture. On ne sera dispensé de cette servitude que si le blé porté au moulin est resté dans l'usine pendant une journée sans qu'on ait pu le moudre ; et les infractions seront punies de la confiscation du grain. Les moulins que des particuliers posséderont à Lafox ne pourront jamais prendre la mouture que sur le taux du 13ᵉ (art. 38 à 41).

Droits de justice et procédures, au civil et au criminel ; tarif des amendes. — On peut rapporter tout d'abord quelques dispositions générales qui garantissent les personnes contre l'arbitraire des arrestations. Ainsi il est dit que le seigneur ou son bailli ne doit expulser aucun habitant, à raison de quelque crime, si auparavant cet habitant n'a été jugé par la cour du seigneur, composée des membres du conseil ou d'autres prud'hommes. Et lorsque quelqu'un aura été chassé à la suite de ce jugement ou pour crime manifeste, le seigneur ne peut le faire rentrer qu'avec le consentement de la communauté (art. 44). En outre, nul ne doit être arrêté et emprisonné s'il offre ou peut assurer de répondre en justice, à l'appréciation du conseil (art. 45). Il est réservé cependant que si quelqu'un s'introduit de nuit dans une maison pour y voler ou commettre quelque méfait, le propriétaire doit appeler ses voisins afin de s'emparer de ce malfaiteur, et, si ce dernier oppose de la résistance, en se servant d'une arme capable de donner la mort, il peut être tué lui-même, sans que le meurtrier soit passible d'aucune espèce de peine (art. 74).

D'autres articles, comme les suivants, touchent plus spécialement aux règles de la procédure ordinaire.

Tous les procès que les habitants soumettent au seigneur ou à son bailli, doivent être vidés dans le village et non ailleurs (art. 48); et c'est encore seulement à Lafox et par devant Sicard ou son représentant que celui qui a abandonné ce lieu en changeant sa résidence, peut faire ses réclamations contre tout habitant au sujet de ce qu'il aurait conclu avec lui, antérieurement à son départ (art. 50). Dans les jugements des plaids, le seigneur ou son bailli devront être assistés de leur cour, c'est-à-dire de quelques-uns des prud'hommes du village, consuls ou autres; et en conséquence, tout habitant, lorsqu'il sera convoqué, sera tenu de se rendre aux audiences (art. 66). Le seigneur ou son bailli peuvent d'office et sans attendre la plainte rechercher les meurtres et les vols; toutefois ils ne peuvent procéder de la sorte qu'avec l'assistance du conseil de Lafox (art. 46). Pour tout autre crime ou délit, s'il arrive que le seigneur ou le bailli veuillent faire enquête, sans qu'il y ait de plaignant, ils ne doivent forcer le prévenu à fournir caution, mais seulement à répondre *par sa main* [1] et sur ses biens; et ils ne peuvent à

---

[1] C'est-à-dire, pensons-nous, *personnellement et pour son compte*. Nous n'avons retrouvé cette expression que dans les coutumes d'Agen (ch. 10 et 38) et de Larroque-Timbaud (art. 45); les articles correspondants fournis par d'autres chartes de la région (Eauze, Lectoure, Auvillars, Montauban, Cahors, etc.) disent seulement que l'assigné qui ne peut assurer le droit au

eux seuls établir la preuve d'un fait criminel, punissable de confiscation ou de *gage* ; il faut pour cela que la culpabilité soit démontrée
par devant la cour seigneuriale, laquelle doit être formée des hommes du village (art. 47). — Tout homme qui porte plainte au seigneur doit présenter des cautions, et s'il ne le peut doit au moins
jurer d'en donner dès qu'il pourra et de se soumettre à la décision
de la cour ; quant à celui qui est l'objet de la clameur, il doit également donner caution (art. 64) ; et, pour le cas de crime, le seigneur
doit de plus s'assurer de son corps, à moins qu'il ne puisse garantir
l'exécution du droit, au jugement du conseil et de la cour (art. 65).

De même que dans les autres coutumes de la région, la détermi-
nation des délais est faite avec soin dans celle de Lafox. Il n'est pas
accordé de renvoi pour répondre de toute nouvelle dessaisine (art. 70) ;
mais dans tout autre débat, porté, à la suite de plainte, devant le
seigneur ou son bailli, les parties obtiennent les mêmes délais que
ceux dont on use communément à Agen (art. 71). Les affaires d'injures et de voies de fait, doivent être réglées dans 3 jours de délais
à moins qu'il n'y eût lieu de reculer ce terme (art. 72). N'oublions
pas que si le seigneur ou le bailli assignent un jour à une partie et
si celle-ci fait défaut, sans excuse raisonnable, elle est condamnée
chaque fois à 10 s. de justice en faveur du seigneur et à indemniser
l'adversaire de ses frais (art. 26).

La procédure suivie contre les débiteurs a quelques dispositions
spéciales. Si quelqu'un, est-il dit, fait une réclamation pour dette ou
pour toute autre cause, (en dehors des matière criminelles), et si,
cette réclamation étant reconnue exacte par l'autre partie, celle-ci
s'accorde avec le demandeur dans 14 jours, le seigneur n'a droit à

---

moyen d'une caution, doit affirmer par serment son impuissance, et offrir
du moins cautionnement *sur lui-même et sur ses biens*, en sorte que dans
ce cas il est toujours fait justice, soit sur les choses du condamné, soit, à
leur défaut, sur son corps. — Dans ses doctes commentaires sur la coutume
de Larroque-Timbaud (notes 207, 208), M. Moullié a voulu rattacher l'expression *fermar per sa ma* à une forme spéciale de garantie judiciaire, mais
il est à croire que si ces mots avaient eu la portée qu'il leur donne on les
trouverait usités dans d'autres chartes en dehors des deux ou trois que nous
avons citées.

aucun gage; mais s'il n'y a pas eu d'accord dans les 14 jours, il force alors celui à qui est faite la demande à remplir ses obligations et perçoit sur lui la somme de 5 s. à raison de la plainte (art. 63). Au débiteur qui déclare par serment ne pouvoir payer sa dette sans vendre ses biens, il est accordé 14 jours pour aliéner ses meubles, et 40 pour ses immeubles ; quant à celui qui n'a rien, il doit jurer chaque mois de donner en paiement tout ce qui lui restera, après qu'il aura pourvu, pour lui et pour sa famille, à la subsistance et au vêtement (art. 69). Selon la règle générale, on ne pouvait dans les questions de dettes faire saisir les habits, les draps de lit, les armes, les outils servant au travail journalier, ni les grains destinés à la semence ou portés au moulin (art. 73).

On trouve encore, dans notre Charte, que lorsqu'un habitant, appelé par un autre, à venir déposer en témoignage, ne se rend pas de bonne volonté, le seigneur ou le bailli doivent alors le contraindre à s'acquitter de ce devoir (art. 68). — Dans chaque plainte, reçue par le bailli ou par le seigneur, ce dernier doit avoir 5 s. pour lui, sauf les cas où la coutume offrirait une disposition contraire ; le seigneur ne doit forcer toutefois personne à payer son gage, avant qu'il ait fait exécuter la chose à raison de laquelle il le perçoit (art. 24). — Enfin tous les frais du procès, tels qu'ils seront fixés par la cour, doivent être payés par la partie qui est condamnée, et lorsqu'elle ne le peut, par ses cautions. S'il n'y a pas de caution et qu'il s'agisse de crime ou d'injures, le condamné est châtié comme le décident le conseil et le bailli ; mais s'il ne s'agit que de dettes ou autres matières, il jure simplement qu'il ne peut payer et qu'il s'acquittera aussitôt qu'il lui sera possible (art. 67).

Voici maintenant les clauses pénales portées par la charte au sujet des crimes, délits et contraventions.

Celui qui commet un meurtre, à moins que ce ne soit pour sa légitime défense ou qu'il n'ait autre excuse valable, est condamné à mort et ses biens sont adjugés au seigneurs (art. 1, 74). Les blessures appelées *sangfoisos* (effusions de sang), c'est-à-dire celles qui sont faites avec des instruments en fer ou autres quelconques et qui défigurent la victime, entraînent pour leur auteur la réparation du dommage et une amende de 65 s. au profit du seigneur ; lorsque, après la plainte faite en justice, les parties s'accordent entre elles, le seigneur peut cependant continuer les poursuites contre le dénoncé, lequel doit payer les 65 s. s'il est pleinement convaincu d'effusion de sang, et 5 s. de gage seulement, s'il reste des doutes (art. 3 et 2). Les menaces faites avec un couteau et suivies de plaintes étaient punies de 10 s. de gage en faveur du seigneur, et de moitié moins si le délit ne pouvait être pleinement démontré (art. 4). Dans les plaintes pour coups de pierre et de bâton, non suivies d'effusion de sang, le seigneur ou le bailli avait, si ces agressions étaient prouvées par la cour, 10 s. de gage (art. 5 , et pour coups donnés avec la main ou les pieds 5 s., sans compter que le coupable doit toujours réparer le dommage (art. 6). Quant aux injures ou appellations diffamantes, le seigneur qui reçoit la dénonce a 5 s. de gage, et fait amender la faute, à moins qu'il ne soit établi que l'injure était méritée (art. 7).

Le voleur de gerbes ou de raisins doit au seigneur, s'il est surpris pendant le jour, 5 s. de justice et pendant la nuit 65 s. (art. 8, 9); lorsqu'il s'agit de charge de foin ou de paille la peine est de même de 5 s. pendant le jour; mais elle est de 20 s. pendant la nuit; dans tous les cas, d'ailleurs, le coupable doit réparer sa faute (art. 20). Pour les vols d'une valeur inférieure à 2 s., et à moins qu'il ne s'agisse de délits sujets à une amende déterminée par un règlement spécial, le seigneur prendra 5 s., et dans le cas de récidive 10 s., et en outre, le larron sera promené dans le village, mis au carcan ou marqué, et restituera ce qu'il a pris (art. 10); mais si la chose enlevée valait plus de 2 s. et que l'amende ne fût pas prévue par les règlements locaux tous les biens du voleur seraient confisqués par le seigneur (art. 11).

Les dégâts ou méfaits clandestins devaient être l'objet d'enquêtes de la part du seigneur ou de son bailli, et si le coupable était découvert la punition était la même que pour les vols, en distinguant également les cas où le préjudice commis était supérieur à 2 s. ou ne dépassait pas cette somme (art. 12 à 14); mais si on ne découvrait pas l'auteur du crime, le dommage devait être réparé par la communauté (*lo cominal*) ou tout autrement, selon que porterait l'usage du pays, en sorte que si les habitants réparaient les dommages à ceux des localités voisines ceux-ci devraient user de réciproque (art. 15).

L'emploi de mesures ou de poids, reconnus faux par le seigneur, son bailli ou le conseil, est puni de 65 s. de justice, et si c'est par récidive la peine est la confiscation des biens (art. 16). Il n'y a d'exception que pour les mesures servant à vendre le vin, dont l'usage entraîne le payement de 10 s. de justice au seigneur et la confiscation au profit du village d'autant de vin que le tonneau en contient au-dessus du trou servant à le vider (art. I7).

Tout homme qui vend de la viande malsaine, sans en avertir préalablement l'acheteur, perd cette viande, qui est donnée en aumône, et le seigneur a de plus 10 s. de justice et le village autres 10 s. (art. 18).

Celui qui chasse pendant le jour dans les clapiers d'autrui, de même que celui qui pêche dans les viviers appartenant à un autre, doit amender le dommage et est passible de 10 s. de justice au seigneur ; si le fait a eu lieu la nuit la peine devient alors la confiscation totale des biens (art. 19).

En cas de plainte pour viol le coupable est mis, de corps et de biens, à la discrétion du seigneur ; mais il faut que le crime soit prouvé devant celui-ci ou devant sa cour (art. 2I); le seigneur, son bailli et les consuls doivent du reste rechercher son auteur lorsque le fait s'étant produit la nuit, la femme ne l'a pas reconnu (art. 22). — Quant à l'adultère, constaté par le seigneur ou le bailli, assistés de 2 prud'hommes au moins, appartenant au *serment* de Lafox, consuls ou autres, et n'étant pas au service même du seigneur, il est tarifé, au profit de celui-ci, à 65 s. de justice sur chacun des coupables, lesquels sont tenus en outre de courir tout nus dans le village (art. 23).

Notons encore ici que celui qui enlève le (signe de) ban, lorsqu'il a été apposé quelque part par le seigneur, par son bailli, ou par leur ordre, est condamné à payer, d'après la charte 5 s. de justice (art. 25).

Dans toutes les confiscations de biens au profit du seigneur, celui-ci devait rembourser avec ces biens les dettes du condamné et la dot de sa femme (art. 28 et I). Enfin les réparations du préjudice porté par les crimes ou délits, devaient être faites d'après l'estimation du seigneur, du bailli, du conseil et des prud'hommes (art. 27).

Du bailli et de ses attributions. — Nous avons déjà eu l'occasion de mentionner çà et là la plupart des fonctions de cet officier, qui était dans la localité le représentant permanent du seigneur. Ajoutons ici simplement qu'il était tenu de jurer aux habitants qu'il observerait toutes leurs coutumes et franchises (art. 58) et qu'à son tour il recevait le serment par lequel les consuls promettaient de lui prêter leur aide et leur conseil pour la conservation des droits seigneuriaux (art. 59). S'il arrivait que le bailli se comportât mal, soit à

l'éga d u village, soit à l'égard de son maître, les habitants devaient
le déclarer au seigneur, lequel dans ce cas était tenu de lui donner
un remplaçant (art. 60).

Des consuls. — Le conseil [1] du village, dit la charte, doit être
remplacé chaque année et la nouvelle élection doit être faite avec
l'avis du bailli ; et s'il arrive que les élus refusent de remplir
leur charge, le seigneur et le bailli doivent les y forcer. Les consuls
sont tenus de prêter serment au bailli et à la communauté, et réci-
proquement cette dernière doit son serment à ces officiers (art. 62).

Les consuls et les prud'hommes du village, avec le consentement
du bailli, ont le pouvoir de dresser des règlements en fixant des
amendes ou *pechas* [2] qui seront payées pour les dégats faits par les
personnes et leurs animaux ; tout en limitant de même le gain qu'il
sera loisible de faire aux bouchers et aux débitants de vin, ils tari-
fent les peines pécuniaires qui leur seront infligées en cas de déso-
béissance ; et le bailli est tenu, à la requête des consuls, de faire
payer toutes ces amendes aux récalcitrants (art. 75). Les sommes
provenant de ces amendes seront partagées entre le seigneur et les
consuls de la manière que ceux-ci le décideront ; toutefois la part

---

[1] A l'exemple des autres chartes de l'Agenais et de celles de la Gascogne,
la coutume de Lafox désigne par *cosselh* ou *cocelh* le corps des officiers municipaux ou même chaque membre en particulier. Les termes de *cossol* et
de *cossolat* qui apparaissent en même temps dans certaines chartes agenaises (Larroque, Prayssas, Clermont, etc.) et qui devaient prévaloir plus tard
dans le pays, ne se retrouvent pas à Lafox, et, si notre traduction emploie le
nom de *consuls*, c'est en le donnant simplement comme équivalent de
cocelhs ou *prohomes de cocelh.*

[2] Notre mss. par suite d'une erreur du scribe, sans doute, écrit presque
toujours *plechas*, au lieu de *pechas* ; mais cette dernière forme est la seule
qui soit confirmée par les autres documents de l'Agenais et des pays voisins.
Par ce mot on désignait en particulier les amendes servant de sanction aux
statuts municipaux, mais non, comme on l'a dit, ces statuts eux-mêmes
(M. Luchaire. *Text. de l'anc. Gasc.* au gloss).

Du reste, ce terme, de même que quelques autres de notre charte, tels
que *cosselhs* (pour consuls) et *gaje* ou *gatge* ,amende due au seigneur pour
dr. de justice), d'un usage si fréquent en Guyenne et en Gascogne, ne se
retrouvent pas dans les chartes du Languedoc.

du seigneur ne pourra pas être inférieure au tiers (art. 76). Celle des consuls servira à payer ceux qui décèleront les coupables ou lève-ront les amendes, ou bien encore sera utilisée au profit de la com-munauté (art. 77). Il est ajouté enfin que les consuls et hommes du village, toujours avec l'avis du bailli, pourront modifier chaque année les règlements qu'ils auront dressés (art. 78).

On reconnaîtra, croyons-nous, que les diverses dispositions des priviléges de Lafox que nous venons d'énumérer offrent déjà de l'intérêt en elles-mêmes ; mais cet intérêt augmente notablement si on passe à la comparaison de ce document avec quelques autres et surtout avec la charte de la petite ville de Saint-Sulpice (Tarn), une des seigneuries principales des Alaman qui fut dotée de priviléges importants dès 1247. En rapprochant, en effet, ces deux chartes, on s'aperçoit facilement que l'auteur de celle de Lafox, tout en interver-tissant certaines séries de leurs articles, n'a fait que reproduire, à peu près dans les mêmes termes, les priviléges de Saint-Sulpice ; mais si l'imitation et la copie sont évidentes, la charte agenaise a, pour une grande partie de son texte, des additions et des changements qui lui sont propres, et partout où l'exigeait le travail d'appropriation à un nouveau pays, elle a d'ailleurs transformé ses expressions, sans cependant perdre jamais de vue son patron. De là, la physionomie de l'acte de Lafox qui bien qu'en leur ressemblant sur un certain nombre de points, s'écarte, par beaucoup d'autres, des chartes de la région, connues jusqu'ici (Agen, Larroque-Timbaud et Clermont-Dessus, Prayssas, Lamontjoye, etc.), et que l'on serait tenté de prendre pour type original si nous ne découvrions en ce moment sa véritable provenance. Ce n'est pas ici le lieu de montrer en détail ce qui appartient à l'œuvre du rédacteur local et ce qui est d'impor-tation étrangère.[1] Qu'il nous suffise de dire que, par suite de son

---

[1] Sur les 78 articles de cette coutume la moitié environ ont été pris dans la charte de Saint-Sulpice. Les autres dispositions de l'acte se retrouvent presque toutes, pour le fond sinon toujours pour la forme, dans les coutumes de l'Agenais et particulièrement dans celles de Larroque, de Clermont et d'Agen. Mais, comme l'explique assez le voisinage des lieux, c'est de la dernière que le rédacteur de Lafox s'est uniquement inspiré : les autres n'étaient pas encore édictées en 1254, époque de son travail,

double caractère, la charte de Lafox est particulièrement curieuse à étudier, et qu'en présence des disparates, présentées par d'autres chartes de franchises, elle peut aider à entrevoir comment a pu se produire parfois le mélange inattendu de leurs éléments. Tout modeste qu'il est, sous certains rapports, cet emprunt d'un texte législatif, fait à une localité lointaine, à sa place marquée à côté de ceux que l'on connaît déjà pour Carcassonne, Saint-Antonin et quelques autres villes, et il mérite d'être signalé dans l'histoire régionale de notre ancien droit coutumier.

Le nom de Lafox ne reparaît dans la suite de nos documents qu'en 1276 après la mort de Sic. Alaman. On sait que l'exécution du testament de ce seigneur souleva plusieurs difficultés entre son fils, du même nom, et Béatrix de Médulion, veuve du défunt. Sicard le jeune, condamné par arbitrage à payer à Béatrix la somme de 300 liv. par an, lui assigna la perception de cette somme sur le château et sur le péage de Lafox et généralement sur tous les autres domaines qu'il possédait dans le diocèse d'Agen (16 juin 1276). Malgré cette donation, la propriété même de Lafox restait toujours à Sicard et on trouve qu'en 1279, époque où ce seigneur fit un traité au sujet des usurpations dont son père était accusé, le roi lui laisse cette localité en toute juridiction.

Mais les possessions agenaises des Alaman ne se bornaient pas à ce seul domaine, car, dans l'inventaire des biens laissés par le même Sicard en 1280, nous voyons figurer, sans parler du château ou village de Lafox, les censives, oblies ou tasques de Casseneuil et de Laugnac, les moulins de La Tour (de Turre), le péage de Toartz et la traverse (transverssus) du Port-Sainte-Marie, enfin les cens, les oblies, les vignes et les maisons de Puymirol.

Le patrimoine de Sicard passa à son héritier Bertrand de Lautrec, et celui-ci ayant acquis les droits que Béatrix de Medulion et sa sœur avaient sur le même bien, et notamment à Lafox, se trouva ainsi le nouveau seigneur de ce lieu. Il en fit prendre aussitôt possession par son bailli R. Topinc, lequel jura, au nom de son maître, de respecter les usages et les franchises des habitants, et reçut à son tour le serment de fidélité de ces derniers. L'acte de cette prise de possession, écrit en roman, fut retenu par P. Coc, notaire d'Agen, le 16 juin 1280 ; il est daté aussi du règne d'Edouard, roi d'Angleterre, qui, comme l'on sait, était suzerain du pays.

Bertrand de Lautrec ne garda pas longtemps l'entière jouissance de ce domaine. En effet, en novembre 1283, Cécile Alaman, épouse d'Arn. de Montaigut, renonça aux droits qu'elle pouvait avoir sur l'héritage de Sicard le jeune, y compris les lieux de Lafox, de Port-Sainte-Marie, etc., et, en compensation, Bertrand lui assigna 200 liv. de rente sur le péage de Lafox, et lui donna en même temps le quart par indivis de la justice haute et basse du lieu, des hommes et de leurs serments, de leurs *encours*, et en particulier de ceux provenant de l'hérésie, le quart des cens et oublies dud. Lafox, et, en outre, tout ce qu'il avait à Laugnac et à Casseneuil. Il permit, d'ailleurs, par le même acte, à Cécile et à son mari d'édifier à Lafox une ou plusieurs maisons et un château fort (*castrum et fortalicium*), là où ils le jugeraient à propos, sauf dans la motte où était la tour et sa clôture, *excepta mota ubi est turris de La Fos et clausura dicte mote, que mota circuitur fluminibus Garone et Ceone.*

Deux ans plus tard, le 8 juillet 1285, Bertrand de Lautrec acquit, au moyen d'un échange, tout ce que Jourdain de Lile possédait dans le lieu de Lafox; nous ignorons l'origine des biens qui étaient possédés par Jourdain et qui ne comprenaient du reste que la 11e partie de la juridiction, du péage et des autres droits domaniaux du susdit château.

Bertrand laissa ses domaines à sa fille Béatrix qui fut fiancée en 1297 à Philippe de Lévis, et c'est, sans nul doute, au nom de sa femme, qu'on voit celui-ci aliéner le péage de Thouars, près de Port-Sainte-Marie, en faveur de Raim. Guillaume de Gout, fils de feu Génebrin de Gout, chevalier. L'acte énumère les droits qui étaient perçus à raison de ce péage, soit sur la Garonne, soit sur terre, pour chaque charge de vin et de blé, pour les bateaux, les meules, les charges de harengs, etc., et il paraît que le tout donnait un revenu assez considérable puisque le prix de la vente est fixé à 3,000 liv. tourn. En même temps, Philippe hypothéqua, pour la garantie de ce contrat, tout ce qu'il possédait à Lafox. Le document est sans date, mais il ne saurait être postérieur à 1304, époque de la mort du vendeur. Celui-ci eut encore, avec certains prétendants à la succession des Alaman, des démêlés qui furent enfin réglés en 1304. Moyennant une soulte de 5,000 livr., Philippe resta toutefois le paisible possesseur de tous les biens qu'il détenait au moment où les parties avaient projeté leur transaction, et parmi lesquels on désigne, dans l'Agenais, le lieu de Lafox, le Port-Sainte-Marie et le *château appelé Thouart.*

Ce n'est que vers 1326 que nous retrouvons dans nos documents quelques indications sur les anciens domaines agenais de Sicard. Mais nous ne nous arrêterons pas ici sur ces pièces, qui ont été analysées par Dom Vaissète,[1] et dont le texte se retrouvera dans notre édition du Cartulaire des Alaman. Il faut ajouter cependant, comme renseignement inédit, que Béatrix, qui continuait de posséder la seigneurie de Lafox, promit de donner à Philippe et à Bertrand, ses fils, chargés de défendre ce château, 650 liv. de tourn. petits, pendant tout le temps de la guerre, et cela afin de les indemniser de leurs frais de garde (1327).

Juillet 1882.

[1] *Hist. de Languedoc*, liv. 30, chap. 15 et 19.

AGEN — IMPRIMERIE Vᵉ LAMY.